PREMIÈRE ÉDITION

LEA COQUILLE-CHAMBEL

ET SI JE TOURNAIS LA PAGE ?

ÉDITION 2021

Pour tourner la page, vous devez commencer par comprendre vos chapitres.

Certaines ruptures sont plus dures à accepter que d'autres. L'envie d'en parler, le sentiment de ne pas être compris(e), vos émotions qui mettent en pause votre quotidien.

Détachez vous de ce mal-être, extériorisez vous par l'écrit, mettez des mots sur vos émotions.

Retrouvez enfin le sentiment d'un cœur léger.

Vous avez le droit d'être triste et blessé, mais la guérison passe par l'acceptation de la souffrance.

Ce journal vous offre la possibilité de vous confier sans aucun jugement.

Appréciez répondre à une série de questions sans vous préoccuper du regard des autres.

Et si je tournais la page ?

Dans ce journal, retracez votre relation de votre début à deux jusqu'à votre fin seul(e).

Exprimez-vous, laissez vos émotions prendre le dessus,

Personne ne lira ce carnet alors soyez honnête avec vos émotions et videz votre cœur pour un avenir avec un cœur léger.

Ne partagez aucune page de ce livre et confessez vous.

SUIS-JE CAPABLE DE TOURNER LA PAGE ?

☐　　　　　　☐
Oui　　　　　　Non

ET SI JE TOURNAIS LA PAGE ?

AVANT

La relation

'Oubliez ce qui vous a blessé, mais n'oubliez jamais ce que cela vous a appris.'

Je me présente :

JE M'ÉVALUE :

CONFIANCE EN MOI : 10% 20% 30% 40% 50% 60% 70% 80% 90% 100%

DÉTERMINATION : 10% 20% 30% 40% 50% 60% 70% 80% 90% 100%

PATIENCE : 10% 20% 30% 40% 50% 60% 70% 80% 90% 100%

MON RESPECT : 10% 20% 30% 40% 50% 60% 70% 80% 90% 100%

HONNÊTETÉ : 10% 20% 30% 40% 50% 60% 70% 80% 90% 100%

HUMOUR : 10% 20% 30% 40% 50% 60% 70% 80% 90% 100%

INTELLIGENCE : 10% 20% 30% 40% 50% 60% 70% 80% 90% 100%

TOLÉRANCE : 10% 20% 30% 40% 50% 60% 70% 80% 90% 100%

SOLIDARITÉ : 10% 20% 30% 40% 50% 60% 70% 80% 90% 100%

SOCIABILITÉ : 10% 20% 30% 40% 50% 60% 70% 80% 90% 100%

CRÉATIVITÉ : 10% 20% 30% 40% 50% 60% 70% 80% 90% 100%

STYLE : 10% 20% 30% 40% 50% 60% 70% 80% 90% 100%

SANTÉ : 10% 20% 30% 40% 50% 60% 70% 80% 90% 100%

GÉNÉROSITÉ : 10% 20% 30% 40% 50% 60% 70% 80% 90% 100%

CONCENTRATION : 10% 20% 30% 40% 50% 60% 70% 80% 90% 100%

TALENT : 10% 20% 30% 40% 50% 60% 70% 80% 90% 100%

PHYSIQUE : 10% 20% 30% 40% 50% 60% 70% 80% 90% 100%

Avant, je ne voulais pas être en couple car :

....

....

....

....

Mon avis sur l'amour :

....

....

....

....

Mes relations amoureuses d'avant :

....

....

....

....

CHER MOI D'AVANT,

Les choses qui me font plaisir :

....

....

....

....

Avant, je me faisais draguer par :

....

....

....

....

Quand je voulais sortir, j'appelais :

....

....

....

....

Si je résumais ma vie avant toi, je dirais :

Je me souciais seulement de :

....

....

....

....

J'étais célibataire car :

....

....

....

....

....

....

....

....

....

La partie de mon physique que j'aimais le plus :

....
....
....
....

Celle que j'aimais le moins :

....
....
....
....

On disait de moi que mon caractère était :

....
....
....
....

Pour moi, une relation idéal c'était :

....
....
....
....

Avant, quand je pensais au futur j'imaginais :

....
....
....
....
....
....
....
....
....
....
....

Mon groupe d'amis c'était :

....
....
....
....

Mes projets étaient :

....
....
....
....
....
....
....
....
....
....

Notre rencontre en détail :

LA DATE DE NOTRE RENCONTRE :

ON S'EST PARLÉ CAR :

CE QUE JE PENSAIS DE TOI :

CE QUI M'A PLU CHEZ TOI :

CE QUE J'AI DÉTESTÉ :

....

....

....

....

UN PHRASE QUI M'A MARQUÉ À NOTRE PREMIER DATE :

....

....

....

....

CE JOUR LÀ, ON ÉTAIT HABILLÉS :

....

....

....

....

Notre premier date a duré :

....

....

....

....

Qui a fait le premier pas :

....

....

....

....

Notre période de flirt a duré :

....

....

....

....

Voilà ce que j'aurais aimé te dire à notre première rencontre :

Pendant

LA RELATION

'Vous méritez plus qu'un chapitre. Vous méritez d'être le livre qu'ils ne peuvent s'empêcher de lire.'

Je m'évalue :

Confiance en moi : 10% 20% 30% 40% 50% 60% 70% 80% 90% 100%

Détermination : 10% 20% 30% 40% 50% 60% 70% 80% 90% 100%

Patience : 10% 20% 30% 40% 50% 60% 70% 80% 90% 100%

Mon respect : 10% 20% 30% 40% 50% 60% 70% 80% 90% 100%

Honnêteté : 10% 20% 30% 40% 50% 60% 70% 80% 90% 100%

Humour : 10% 20% 30% 40% 50% 60% 70% 80% 90% 100%

Intelligence : 10% 20% 30% 40% 50% 60% 70% 80% 90% 100%

Tolérance : 10% 20% 30% 40% 50% 60% 70% 80% 90% 100%

Solidarité : 10% 20% 30% 40% 50% 60% 70% 80% 90% 100%

Sociabilité : 10% 20% 30% 40% 50% 60% 70% 80% 90% 100%

Créativité : 10% 20% 30% 40% 50% 60% 70% 80% 90% 100%

Style : 10% 20% 30% 40% 50% 60% 70% 80% 90% 100%

Santé : 10% 20% 30% 40% 50% 60% 70% 80% 90% 100%

Générosité : 10% 20% 30% 40% 50% 60% 70% 80% 90% 100%

Concentration : 10% 20% 30% 40% 50% 60% 70% 80% 90% 100%

Talent : 10% 20% 30% 40% 50% 60% 70% 80% 90% 100%

Physique : 10% 20% 30% 40% 50% 60% 70% 80% 90% 100%

La date de notre premier baiser :

....

....

....

....

Ce jour là, j'ai ressenti :

....

....

....

....

Notre première activité :

....

....

....

....

Notre to do list

☐ ....

☐ ....

☐ ....

☐ ....

☐ ....

☐ ....

☐ ....

☐ ....

Notre secret commun :

....

....

....

....

Le premier je t'aime :

....

....

....

....

Le sujet qui nous menait toujours à une dispute :

....

....

....

....

....

....

Une journée type d'un week-end à deux :

....
....
....
....

Mon meilleur souvenir à 2 :

....
....
....
....
....
....
....
....
....
....

Notre première dispute :

....
....
....
....

J'avais confiance en toi car :

....
....
....
....

Ton pire défaut :

....
....

Ta plus grande qualité :

....
....

Nos favoris :

Restaurant : ....

Voyage : ....

Film : ....

Série : ....

Musique : ....

Activité : ....

Position : ....

Plat : ....

Surnom : ....

Animal : ....

Expression : ....

Notre rêve était de :

Notre moment le plus heureux :

Je me suis senti aimé(e) le jour où :

....
....
....
....

Ton plus beau geste pour moi :

....
....
....
....
....
....
....
....
....
....

Qui de nous 2 ? :

Était le plus romantique :

Envoyait le plus de messages :

Faisait le plus de compliments :

Était le plus drôle :

Était le plus bordélique :

Était le plus têtu :

Prenait le plus de place dans le lit :

Était le plus dépensier :

Avait le plus mauvais caractère :

Se levait le plus tôt :

Avait le plus de défauts :

Une lettre pour nous :

Une lettre pour nous :

....

....

....

....

....

....

....

....

....

....

....

....

....

....

....

Dans 5 ans je nous voyais :

Le jour où j'ai rencontré tes parents :

Ce que nos amis pensaient de nous :

NOTRE PREMIER MOMENT D'INTIMITÉ :

....

....

....

....

....

....

....

....

LA PREMIÈRE FOIS QUE J'AI PLEURÉ POUR TOI :

....

....

....

....

....

....

Les choses que je ne t'ai jamais dites :

Pendant

La rupture

'Quelqu'un qui vous aime vraiment ne trouvera jamais de raison de partir. Ils chercheront des raisons de rester.'

Je m'évalue :

Confiance en moi : 10% 20% 30% 40% 50% 60% 70% 80% 90% 100%

Détermination : 10% 20% 30% 40% 50% 60% 70% 80% 90% 100%

Patience : 10% 20% 30% 40% 50% 60% 70% 80% 90% 100%

Mon respect : 10% 20% 30% 40% 50% 60% 70% 80% 90% 100%

Honnêteté : 10% 20% 30% 40% 50% 60% 70% 80% 90% 100%

Humour : 10% 20% 30% 40% 50% 60% 70% 80% 90% 100%

Intelligence : 10% 20% 30% 40% 50% 60% 70% 80% 90% 100%

Tolérance : 10% 20% 30% 40% 50% 60% 70% 80% 90% 100%

Solidarité : 10% 20% 30% 40% 50% 60% 70% 80% 90% 100%

Sociabilité : 10% 20% 30% 40% 50% 60% 70% 80% 90% 100%

Créativité : 10% 20% 30% 40% 50% 60% 70% 80% 90% 100%

Style : 10% 20% 30% 40% 50% 60% 70% 80% 90% 100%

Santé : 10% 20% 30% 40% 50% 60% 70% 80% 90% 100%

Générosité : 10% 20% 30% 40% 50% 60% 70% 80% 90% 100%

Concentration : 10% 20% 30% 40% 50% 60% 70% 80% 90% 100%

Talent : 10% 20% 30% 40% 50% 60% 70% 80% 90% 100%

Physique : 10% 20% 30% 40% 50% 60% 70% 80% 90% 100%

La raison de notre rupture :

Mes émotions ce jour là :

Si j'avais pu changer quelque chose à notre relation :

Les personnes qui ont été là pour moi :

....
....
....
....

Elles m'ont réconforté en me disant :

....
....
....
....
....
....
....
....
....
....

Ce qui m'était reproché(e) :

MON TOP MUSIQUE DÉPRIME :

1 ....

2 ....

3 ....

4 ....

5 ....

6 ....

7 ....

8 ....

9 ....

10 ....

Les mots exacts de la rupture :

Le jour après ma rupture :

Je dessine ce que je ressens :

Ce que je te reprochais :

Les points positifs et négatifs de notre rupture :

Positif :

....
....
....
....
....
....
....

Négatif :

....
....
....
....
....
....
....

CE QUI M'AIDE À SOURIRE :

Ce qui me fait penser à toi :

Le jour après sa rupture :

LE TOP 10 DES CHOSES QUI M'ONT FAIT SOUFFRIR :

1 ....

2 ....

3 ....

4 ....

5 ....

6 ....

7 ....

8 ....

9 ....

10 ....

J'AI ESSAYÉ D'ARRANGER LES CHOSES EN :

MAIS TU M'AS DIT QUE :

Tous ces mots qui m'ont blessé :

A cause de toi j'ai :

Mais j'ai ouvert les yeux sur :

Au quotidien tu m'apportais :

....
....
....
....
....
....
....
....

Ton dernier message :

....
....
....
....
....

J'ÉTAIS PLUS DANS LE BONHEUR OU LE MALHEUR ? :

AI-JE ENCORE ENVIE DE TE VOIR ? :

SI TU ÉTAIS EN FACE DE MOI JE TE DIRAI :

Mes excuses :

Les excuses que j'aimerais recevoir :

Est ce que je recevais assez d'attention ? :

....

....

....

....

....

Ce que tu voulais que je change :

....

....

....

....

....

....

....

....

CE QUI MANQUAIT À NOTRE RELATION :

Cette relation aurait-elle pu durer ? :

Au lit c'était :

L'effet de la rupture sur mon mode de vie :

Si demain tu rencontrais quelqu'un, je :

....
....
....
....
....

Quand je vois nos photos, je :

....
....
....
....
....

Y a t'il encore une chance ? :

....
....
....

Si je devais m'écrire une lettre à moi même pour m'ouvrir les yeux, je dirais :

Si je devais m'écrire une lettre à moi même pour m'ouvrir les yeux, je dirais :

Les endroits qui me font penser à toi :

On est séparé depuis :

Et aujourd'hui je me sent :

Depuis que tu n'es plus là, mes journées se résume à :

....

....

....

....

....

....

....

....

Là maintenant, tout ce que j'aimerais c'est :

....

....

....

....

....

J'AIMERAIS TE REMERCIER :

Mes regrets :

Mon dernier au revoir :

MON DERNIER AU REVOIR :

APRÈS

La rupture

'Si vous êtes assez courageux pour dire au revoir, la vie vous récompensera avec un nouveau bonjour.'

Je m'évalue :

Confiance en moi : 10% 20% 30% 40% 50% 60% 70% 80% 90% 100%

Détermination : 10% 20% 30% 40% 50% 60% 70% 80% 90% 100%

Patience : 10% 20% 30% 40% 50% 60% 70% 80% 90% 100%

Mon respect : 10% 20% 30% 40% 50% 60% 70% 80% 90% 100%

Honnêteté : 10% 20% 30% 40% 50% 60% 70% 80% 90% 100%

Humour : 10% 20% 30% 40% 50% 60% 70% 80% 90% 100%

Intelligence : 10% 20% 30% 40% 50% 60% 70% 80% 90% 100%

Tolérance : 10% 20% 30% 40% 50% 60% 70% 80% 90% 100%

Solidarité : 10% 20% 30% 40% 50% 60% 70% 80% 90% 100%

Sociabilité : 10% 20% 30% 40% 50% 60% 70% 80% 90% 100%

Créativité : 10% 20% 30% 40% 50% 60% 70% 80% 90% 100%

Style : 10% 20% 30% 40% 50% 60% 70% 80% 90% 100%

Santé : 10% 20% 30% 40% 50% 60% 70% 80% 90% 100%

Générosité : 10% 20% 30% 40% 50% 60% 70% 80% 90% 100%

Concentration : 10% 20% 30% 40% 50% 60% 70% 80% 90% 100%

Talent : 10% 20% 30% 40% 50% 60% 70% 80% 90% 100%

Physique : 10% 20% 30% 40% 50% 60% 70% 80% 90% 100%

Nombre de jours depuis la rupture :

Aujourd'hui je me sens :

Une musique qui m'a aidé à surmonter tout ça :

Mes pensées aujourd'hui :

Mes projets :

....

....

....

....

Ma situation amicale :

....

....

....

....

Dans un an je me vois :

....

....

....

....

MA TO DO LIST

☐ .... ☐ ....

☐ .... ☐ ....

☐ .... ☐ ....

☐ .... ☐ ....

☐ .... ☐ ....

Les personnes qui m'ont aidé à tourner la page :

....

....

....

Je suis apte à rencontrer quelqu'un ? :

....

....

....

....

N'est-ce pas mieux comme ça ? :

....

....

....

....

Ce que j'ai changé physiquement depuis ma rupture :

....
....
....
....

Je pense encore à cette personne ? :

....
....
....
....

La séparation était-elle si compliquée ? :

....
....
....
....

Si je devais écrire une lettre à ma propre personne d'il y a 1 mois :

CE QUI A CHANGÉ DANS MON QUOTIDIEN :

LE PASSE TEMPS QUE J'AI DÉCOUVERT :

SI JE TE CROISAIS AUJOURD'HUI, JE TE DIRAI :

La partie physique que j'ai réappris à aimer :

....

....

....

....

Une capacité que j'ai découverte :

....

....

....

....

Si je devais me reprocher quelque chose :

....

....

....

....

Une citation qui décrit mon état :

Je sors en ce moment :

Je mange normalement ? :

J'ai rencontré une nouvelle personne ? :

Ma journée d'aujourd'hui :

CE QUE J'ATTENDS DE LA PROCHAINE
PERSONNE QUI RENTRERA DANS MA VIE :

Les erreurs que je ne ferai plus :

Tout ça m'a appris :

Suis-je heureux(se) ? :

JE DESSINE

Je dessine

Je m'exprime

Je m'exprime

Je me confie

Un dernier mot ?

Le récapitulatif de mon histoire :

Tourner la page paraît dur, pourtant tu en as tourné 100 depuis ce livre.

Alors es-tu vraiment capable de tourner la page ?

☐ ☐
Oui Non

'Une fois que c'est terminé, bloque-le/la et glow up.'

Et si je tournais la page ?

'Si vous devez convaincre quelqu'un de rester, ce n'est pas de l'amour.'

Et si je tournais la page ?

Manufactured by Amazon.ca
Acheson, AB